UNA MIRADA HUMANITARIA
SOBRE LA MIGRACIÓN

PUERTA
DE PAPEL

UNA MIRADA HUMANITARIA SOBRE LA MIGRACIÓN

PUERTA DE PAPEL

Primera edición, 2025

Puertas de papel.
Una mirada humanitaria sobre la migración

D.R. © Selene Partida

ISBN: 979-9-9996459-0-6

Impreso y hecho en México
Printed and made in Mexico

A mi papá Eduardo Partida
y a mi mamá Maggie Estrada,
por dejar su tierra, su historia y sus raíces,
para sembrar esperanza en suelo ajeno,
y darme, aún en la incertidumbre,
más de lo que tenían.

Por enseñarme que migrar
también es un acto de amor.

Este libro también es suyo.

Índice

El cruce
Nota de la autora

Este libro nace del deseo profundo de querer compartir la historia de quienes, como yo, hemos vivido en carne propia el peso, la esperanza, los silencios y las luchas de la migración. Quise escribir desde el corazón, desde adentro hacia afuera, y no de afuera hacia adentro, dejándome llevar solamente por las circunstancias o lo que se lee en las noticias, porque casi siempre es más fácil juzgar lo que los ojos ven, antes de entender el amor del que migra.

En un tiempo donde se ha deshumanizado al migrante —donde se le señala, se le acusa, se le culpa—, sentí la urgencia de compartir estas historias. Son relatos reales, dolorosos, llenos de fuerza y dignidad. No pretenden dar lástima, sino sembrar empatía.

Mucho se ha dicho, escrito y debatido sobre las personas migrantes. Las estadísticas, los titulares, los discursos políticos y las leyes han intentado explicar, justificar o rechazar nuestra existencia. Pero pocas veces se nos escucha desde el corazón. Este libro no pretende ser académico ni técnico. No es una guía legal, ni una defensa jurídica. Es un testimonio humano, una recopilación de vivencias, dolores, nostalgias, luchas y también de amor, resiliencia y dignidad.

Muchos no entienden por qué un ser humano cruza fronteras sin "seguir el proceso legal". Y la respuesta no siempre cabe en una frase. Quienes nunca han migrado —sobre todo algunos ciudadanos estadounidenses— tienen una visión equivocada de los migrantes, en especial de los latinos. Piensan que cruzamos la frontera ilegalmente porque así lo queremos, porque es más fácil, porque estamos "al lado", y que evitamos seguir el camino legal por comodidad o desinterés.

Pero eso no podría estar más lejos de la verdad.

La mayoría de nosotros cruzamos por desesperación, no por rebeldía. Si hubiera existido un camino legal, lo habríamos tomado. Pero para millones de mexicanos y latinoamericanos, ese camino simplemente no está disponible. Obtener una visa de turista es muy difícil; conseguir una de trabajo, es casi imposible. Desde 1986, no ha habido una reforma migratoria que atienda las realidades de nuestras comunidades. Somos vecinos de este país, sí, pero eso no nos ha dado más acceso, sino más estigmas.

Quiero compartir lo que significa migrar cuando no tienes otra opción. Lo que implica crecer entre dos culturas, formar una familia mientras vives en las sombras, despedirte de tus seres queridos sin poder volver, y sostener desde la distancia el amor intacto por tu tierra. Este libro está dedicado a quienes han cruzado fronteras visibles e invisibles con la esperanza de una vida mejor. Y también está dirigido a quienes nunca han migrado, pero están dispuestos a escuchar con empatía.

Mi deseo es que estas páginas sean un puente. Que ayuden a entender que la migración no es solo una deci-

14

sión, sino muchas veces una necesidad. Que detrás de cada historia hay una persona, una familia, un sueño. Que quienes migramos también sentimos, también perdemos, también amamos.

Quiero, con respeto y profunda sensibilidad, referirme a la creciente narrativa que asocia a las personas migrantes —en especial a quienes se encuentran en situación indocumentada o, como ahora dice esta administración en inglés, "illegal alien"— con actos de violencia, crimen o la crisis del fentanilo. Lamento profundamente cada vida perdida, cada familia rota por la violencia o por el impacto devastador de las drogas. Como seres humanos, sentimos el dolor de cada persona afectada.

Existen casos en los que personas migrantes han cometido estos actos graves. Pero también debemos reconocer que la oscuridad del alma humana no tiene nacionalidad. El crimen, el consumo de drogas y el daño social no son exclusivos de ningún país ni de ningún estatus migratorio. Asociar estos males a toda una comunidad es injusto y peligroso.

El fentanilo, como tantas otras crisis, es un problema complejo. Sabemos que su tráfico atraviesa fronteras, pero también que su consumo es resultado de vacíos emocionales, traumas, falta de salud mental y rupturas sociales. Nadie fuerza a otro a consumirlo, y quienes lo trafican —vengan de donde vengan— deben responder por sus actos.

Pero no se puede criminalizar a millones por los errores de unos. Las personas migrantes, como yo, también hemos perdido seres queridos. También hemos enfrentado el

15

dolor, el abandono, la injusticia, pero aquí seguimos, construyendo, trabajando, aportando desde el silencio y el esfuerzo diario.

Muchos de nosotros venimos con la esperanza de encontrar trabajo, seguridad y un futuro mejor. No buscamos romper la ley; buscamos sobrevivir. Y, aun así, se nos juzga sin comprender el contexto que nos empuja a cruzar. Este libro intenta mostrar, desde el corazón y la experiencia, las razones profundas de la migración y, sobre todo, el valor, la dignidad y la humanidad de quienes lo arriesgan todo por una vida mejor.

Y aunque este libro habla desde la vivencia del migrante latino, no puedo dejar de reconocer que la historia de este país no se puede contar sin los pueblos originarios, los nativos de estas tierras, los dueños de este territorio, ni sin la comunidad afroamericana. Fueron ellos, los afroamericanos, quienes cargaron el peso brutal de la esclavitud desde el año 1619. No migraron por elección; fueron arrancados de su tierra, traídos encadenados, y obligados a construir con su cuerpo la riqueza de una nación que durante siglos los trató como propiedad. Hablar de migración sin reconocer este capítulo doloroso sería injusto.

Nosotros no venimos a invadir; venimos a sobrevivir, a vivir con dignidad, a buscar un pedacito de esperanza. Y si vamos a hablar de justicia, que sea completa, que sea con verdad y que sea con humanidad.

Espero que este libro sea una invitación a mirar distinto, a ver al migrante no como una amenaza, sino como un reflejo de ti mismo: alguien que quiere lo mismo que tú.

Un lugar seguro, una cama limpia, un abrazo cálido, una oportunidad digna.

A ti, mi hermana y hermano migrante, espero que encuentres aquí un pedazo de tu historia, de tu voz, de tu amor y de tu verdad.

Gracias por leer, gracias por abrir tu corazón.
Selene Partida

Introducción

La migración: un viaje de grises infinitos

Cuando hablamos de migración, muchas veces se hace desde los extremos: legal o ilegal, buenos o malos, héroes o criminales, pero la realidad es mucho más compleja. Migrar es, en la mayoría de los casos, es un acto profundamente humano, lleno de grises, de contradicciones, de dolor, esperanza y resistencia.

Este libro no pretende dar respuestas legales, ni defender lo indefendible. Tampoco busca romantizar el sufrimiento. Lo que sí busca es tender puentes: entre quienes migramos y quienes nos observan desde afuera, entre quienes dejaron todo y quienes no comprenden el por qué. Busca ofrecer una mirada honesta y humana sobre la migración desde adentro, desde quienes la hemos vivido en carne propia.

Por eso decidí comenzar con mi historia. Porque antes de analizar causas, leyes o estadísticas, quiero invitarte a ver con tus propios ojos lo que significa dejar tu país a los 13 años, cruzar la frontera con miedo, crecer en una tierra que no es la tuya, luchar por pertenecer y, al mismo tiempo, no perder el amor por la patria que quedó atrás.

Cada capítulo que leerás nace de esa experiencia y de las historias que he escuchado, vivido y acompañado en más de 30 años de trabajo y vida junto a la comunidad migrante. No están todas las voces, pero están muchas de las que merecen ser escuchadas.

Este libro es un intento de rendir homenaje a esas vidas. A las visibles y a las invisibles. A los que llegaron, a los que regresaron, y a los que se quedaron en el camino.

Gracias por abrir estas páginas. Ojalá te acerquen un poco más a nuestra historia.

Capítulo I.
La frontera

La frontera

Aún recuerdo esa noche. Era una noche fría. Era el 21 de marzo de 1991: Día de la Primavera, Día de Benito Juárez y el día en que dejamos México, o más bien, Toluca, Estado de México, la ciudad donde nací y la ciudad que dejé para comenzar nuestra jornada hacia el norte, hacia lo desconocido. Pero también fue el día que marcó un antes y un después en mi vida.

Esa noche nos dirigimos a la estación de autobuses porque no había suficiente dinero para un boleto de avión. Así, mi madre —una mujer de carácter fuerte, rostro decidido y espíritu valiente— se subió a ese camión con sus cuatro hijos, decidida a completar la familia con mi padre, que ya se encontraba en Chicago. Su motivo: mantener a su familia unida.

Así comenzó nuestra jornada, la historia repetida de tantas familias migrantes: hijos, madres, esposas, padres que lo arriesgan todo por la reunificación familiar.

Después de muchas horas en carretera, llegamos a Tijuana. Un pariente conectó a mi madre con un "coyote" o "pollero". Ella pagó todo lo que pudo; para eso tuvo que vender todas las pocas o muchas pertenencias que teníamos para lograr este viaje. Recuerdo que, hasta mi bicicleta, que tanto adoraba, se tuvo que vender para poder pagar el alto precio de este cruce hacia "el otro lado".

A mis 13 años no comprendía totalmente lo que estábamos por hacer, lo que estaba sucediendo ni la magnitud de la travesía que nos esperaba esa noche. Aún recuerdo ese momento en que llegamos a la famosa cerca fronteriza. Aún recuerdo lo sorprendida que estaba al ver que había personas vendiendo tamales, café caliente y canelita en medio del muro: el buen mexicano que siempre se las ingenia para sobrevivir. Y como buena mexicana, pensé en ese momento: "Ya estamos en el muro y prácticamente hasta del otro lado, ya cruzamos, ya la hicimos, y hasta vendedores hay". Pero no podía estar más equivocada. Era solo la antesala, el pasillo hacia la larga jornada; el comité de despedida, pues esa noche cruzaríamos.

Después de varias horas esperando el momento más indicado para cruzar —el cual supe en ese momento que era durante el cambio de guardia— nos dieron la señal para comenzar a caminar, aunque ya el sueño y el frío empezaban a pesar. Éramos un pequeño grupo: mi madre, mi hermana mayor, mis dos hermanitos y yo, junto con otra familia. Caminamos por horas, entre arbustos, desierto, tierra suelta y oscuridad.

En algún punto del camino, llegamos a un cruce donde cobraban por pasar por un puente improvisado que evitaba mojarse los pies. Todo era incierto, pero seguimos. En el trayecto, nos encontramos con otro grupo que estaba escondido. Estaban llorando y asustados porque habían sido asaltados por "los cholos" y las mujeres del grupo habían sido abusadas. Vi a mi madre palidecer; el miedo era visible en su rostro. El coyote nos aconsejó que buscáramos un palo o una piedra para defendernos. Yo busqué un palo. Tenía miedo, no entendía mucho, estaba cansada, con frío y con mucho miedo. Pero no había vuelta atrás: la única opción era seguir. Ver la cara de miedo de mi madre en ese momento me marcó para siempre, pues fue ahí cuando entendí el verdadero riesgo que corríamos.

Recuerdo también el momento en que escuchamos: "¡Ahí viene el mosco!". El "mosco" era el helicóptero de inmigración. "¡Escóndanse!". Nos escondimos entre los arbustos secos del desierto. El coyote nos advirtió: "No miren hacia arriba, porque sus ojos reflejan la luz". Nunca había sentido tanta curiosidad por mirar hacia el cielo y, al mismo tiempo, tanto miedo. Cerré los ojos con fuerza, esperando que no nos descubrieran. Sentía el helicóptero sobre nosotros, su ruido abrumador y su luz que barría el desierto. Pero no nos vieron. Pasaron de largo. Hasta este momento estoy segura de que Dios nos cubrió con su manto.

Cuando el helicóptero se fue, seguimos caminando por horas. Finalmente, al amanecer, llegamos a una carretera. Era una vía rápida, con autos pasando a gran velocidad. La teníamos que cruzar para llegar a la ciudad. Era como el videojuego de "Frogger", versión real: esquivando carros, corriendo con el corazón acelerado y lleno de temor.

Al otro lado nos esperaba una casa pequeña. Las instrucciones eran claras: silencio total. Entramos sin hacer ruido y nos metimos a un cuarto oscuro con una cama donde todos caímos rendidos, agotados, y nos quedamos dormidos.

Unas horas después, al despertar, ya no estaban mi madre ni mis hermanos más chicos. Solo mi hermana mayor y yo. Entramos en pánico. Inmediatamente se nos comunicó que, aunque ya habíamos "cruzado", aún no se terminaba la jornada. Parte del plan era que los demás serían llevados por otro vehículo, para poder pasar el siguiente punto o caseta de aduana.

A mi hermana y a mí nos tocó escondernos en el piso trasero de un auto. No había espacio. Nos acurrucamos entre los pies y el asiento trasero, hechas bolita, escondidas. Fue el viaje más incómodo de mi vida. Sentía que la espalda se me quebraba. Fueron tres o cuatro horas así, a lo que recuerdo (ahora sé que fue el trayecto de Tijuana a California), hasta que llegamos a un estacionamiento donde, por fin, nos encontramos con mi mamá. Nos abrazamos. Fue imposible no llorar, pues sentimos un gran alivio.

Sentí alivio porque pensé que la pesadilla había terminado, que ya lo habíamos logrado. Pero la realidad es que apenas comenzaba.

Así fue como, a mis 13 años, me convertí en "mojada", en "indocumentada", sin ninguna autorización ni decisión sobre mi vida. Solo una madre valiente haciendo lo que creía correcto para mantener unida a su familia. A partir de ese día comenzó una vida entre la sombra y la esperanza.

No elegí ser "ilegal". ¿Vine o me trajeron? Pues era aún una niña. Vine por amor, por la fe de mi madre, por el deseo de estar con mi padre, como la familia que fuimos.

Esta historia no es única. Es la historia de miles que no tuvieron otra opción, de quienes cruzaron una frontera buscando una mejor vida.

Durante años viví en silencio, con miedo y pena, sin entender o saber por qué no podía "arreglar papeles" como otra gente lo había logrado. Lo que muchos no entienden o saben es que, para millones de personas como yo, en ese momento y aún ahora, ese camino legal simplemente no existe. No es que no queramos "hacer las cosas bien", es que el sistema nos deja fuera desde el principio.

Este capítulo no busca justificar. Busca humanizar. Quiero que el lector —que quizás nunca ha vivido algo así— entienda lo que significa crecer en un país donde no existes en los papeles, pero sí en las granjas, en las fábricas, en las cocinas, en los hoteles, en los campos y en los hogares.

Donde tus sueños tropiezan con muros invisibles y tus logros no siempre son reconocidos.

Mi historia no comenzó en la frontera. Comenzó mucho antes, en Toluca, y continúa hoy, en cada paso que doy, con la certeza de que ninguna ley, ningún documento, puede borrar la dignidad con la que hemos luchado por una vida mejor.

Capítulo II.
Los dos mundos

La Villita (*Little Village*, Chicago)

Tener la oportunidad de crecer entre dos culturas, en dos países, en dos mundos muy diferentes, puede ser una experiencia profundamente enriquecedora. Aprendes, te adaptas, tomas lo mejor de cada uno y se te abre la mirada, la perspectiva a la vida.

Agradezco el poder haber vivido esa experiencia, pero también reconozco que no todo es aprendizaje y riqueza cultural.

Crecer entre dos mundos también significa que en uno no perteneces del todo... y en el otro ya no estás físicamente.

En uno, te dicen que no eres de aquí. En el otro, te has ido, aunque tu corazón se haya quedado allá. Ese es el dilema.

Estás en un país donde no naciste, pero vives, trabajas, estudias y te adaptas. Sin embargo, no estás en el país al que perteneces por sangre, historia, lengua... porque allá no hubo seguridad, ni estabilidad, ni recursos, ni futuro claro para ti o tu familia.

Recuerdo claramente cuando llegamos a Chicago, al famoso barrio mexicano conocido como *La Villita*, al sur de la ciudad. Yo tenía 13 años. Era el mes de abril de 1991. A esa edad no entendía mucho de política, pero sí entendía que había una gran diferencia entre quienes podían cruzar con visa y quienes no.

Yo aún no dimensionaba lo que significaba vivir indocumentada.

Ingresamos a la escuela —a la High School— y fue un cambio radical. Aunque ya había escuchado el inglés en películas y en la televisión, no lo entendía ni podía hablarlo. Lo único que sabía era lo clásico que enseñan en las escuelas públicas de México:

Puerta - *Door*

Pluma - *Pen*

Gallina - *Chicken*

Por compartir algunas que creo todos aprendimos de chicos.

Todos los que hemos tenido que aprender un idioma nuevo por necesidad, sabemos lo que es: la vergüenza, el miedo, el nervio de decir mal una palabra, la falta de tiempo y, a la vez, la necesidad de aprender rápido para poder avanzar.

Yo también estudié con libros que tenían pronunciación en español, por ejemplo:

"People - *pi puhl* - gente"

"To use - *tu yuuz* - usar"

Compré cursos para aprender inglés, asistí a clases, escribí frases en hojas para memorizar. Pensé que ese sería mi reto más grande, pero la realidad era aún más compleja.

Adaptarse a la escuela fue toda una odisea. La violencia y las pandillas en ese tiempo también estaban presentes: peleas que se desataban entre los latinos y los afroamericanos, sillas que volaban, detectores de armas al entrar a la escuela, gente gritando, grafitis y más. Fue un gran choque cultural lo que viví los primeros meses en la escuela.

Pero lo más duro fue vivir ese sentimiento constante de no pertenecer del todo. Te cuento un poco más de mí: soy la segunda de cuatro hijos de mis padres.

Mi papá, Eduardo Partida, orgulloso michoacano —de quien ya hablaré en otras partes del libro— soñaba con regresar a México.

Decía que quería despertar allá, con los sonidos del pueblo, los pájaros, el calor de su México. Ese sueño no lo cumplió en vida… pero sí en su descanso eterno. Me lo llevé dormido, y ahora descansa en su querido San José de Gracia, Michoacán.

Mi hermana mayor y yo solo nos llevamos un año de diferencia, así que entramos juntas al mismo grado de high school. Pienso que eso nos ayudó, pues nos acompañamos.

Ella tenía 14, casi 15, cuando migramos. Una edad difícil para dejar amigos, escuela, adolescencia, justo cuando empiezas a pertenecer, a identificarte. Tan difícil, que he conocido historias de jóvenes que no lograron adaptarse, que sufren de una gran depresión, y en algunas ocasiones toman decisiones tan trágicas como el suicidio.

Ya instaladas, mi hermana y yo decidimos buscar un trabajo de medio tiempo.

Era común entre los estudiantes el trabajar después de la escuela.

Fuimos al *Discount Mall,* un tipo mercado dentro de una gran bodega donde se rentaban espacios para vender mercancía.

En ese lugar me di cuenta de algo que me impactó, y que aún sucede:

Observar cómo algunos inmigrantes se aprovechan de otros inmigrantes.

Muchos de los dueños de estos puestos eran también personas migrantes, pero aun así ofrecían sueldos bajos, condiciones difíciles y largas jornadas de trabajo.

Lo digo con respeto, pero también con verdad: debemos hacer conciencia.

Entre migrantes no deberíamos explotarnos, sino apoyarnos. Tenemos mucho en común: el mismo origen de lucha, el mismo sueño de vivir mejor.

También intentamos aplicar en un restaurante de comida rápida. No obstante, al llegar, nos pidieron la famosa "mica", la tarjeta, el número de seguro social... documentos que no teníamos. Así fue la primera vez que entendí que, aunque estaba aquí, no pertenecía del todo.

Fue duro entender que no teníamos ninguna de las dos cosas básicas para poder conseguir ese trabajo: ni una mica, ni un número de seguro social.

La alternativa para muchos era buscar trabajos donde no lo pidieran, pero que pagaban mucho menos.

Era como vivir entre líneas: en un mundo donde me esforzaba, pero no era visible legalmente.

Es entonces cuando muchas personas toman decisiones desesperadas: comprar una mica falsa, conseguir un número de seguro social inventado, con tal de trabajar, de sobrevivir.

Esas decisiones no se toman por gusto, sino por necesidad. No es rebeldía, es supervivencia.

A la par de todo esto, escuchamos en las noticias cómo algunos políticos nos señalan como una amenaza. Nos acusan de ser criminales, de traer problemas, de dañar este país.

Sin embargo, no hablan del migrante que empaca el pan en una panadería, el que cuida niños, que limpia sus casas, que entrega comida, el que construye edificios y arregla sus casas.

No hablan del migrante que vive en silencio, que trabaja duro, que respeta las reglas, aunque viva en las sombras.

Como comenté al principio de este apartado, vivir entre dos culturas tiene aspectos maravillosos: volverse bilingüe, entender dos realidades, ampliar tu visión del mundo. Estados Unidos es un país rico en culturas, en historias, en diversidad.

Pero esa riqueza también contrasta con la dura experiencia de quienes —como yo— crecimos entre dos mundos sin pertenecer por completo a ninguno.

Hoy, décadas después, esa misma dualidad persiste. Los migrantes nos hemos convertido en peones políticos en un gran tablero de ajedrez. Se nos menciona en discursos, en campañas, en noticieros...

35

Recuerdo ver recientemente una conferencia de prensa de un gobernador en Estados Unidos que decía —sin titubeos— que los indocumentados son una amenaza para el país.

Que las redadas de migración eran "necesarias" para mantener a salvo a la población.

Decía que los migrantes ilegales —"illegal alien"— causaban accidentes, cometían abusos, que eran ladrones, vendían drogas, manejaban borrachos, causaban violencia y muchos otros crímenes más.

Aunque no niego la realidad. Tristemente, ha habido casos en los que personas migrantes indocumentadas han cometido tales crímenes. Casos dolorosos, terribles, y no hay excusa para esas acciones.

Nos duelen.

Nos avergüenzan.

Y oramos por las víctimas y sus familias.

Pero lo que también duele es que se intente responsabilizar a toda una comunidad, como si la maldad solo viviera en los migrantes.

Eso es deshonesto.

Porque la maldad no tiene pasaporte.

La oscuridad y la luz existen en toda la humanidad.

El bien y el mal, la compasión y la violencia... son parte de la historia del ser humano, desde mucho antes que existieran fronteras o visas.

Sí, debemos erradicar la violencia.

Sí, debemos combatir el abuso y el crimen.

Pero no lo haremos si seguimos señalando al migrante como chivo expiatorio. Lo que sí sé, es que como migrantes estamos agradecidos:

Agradecidos por el país que nos vio nacer, por nuestras raíces, por nuestra cultura, por nuestras costumbres...

Pero también agradecidos con este país que nos da oportunidades, nos da de comer, nos da trabajo y nos permite ser comunidad.

Aunque hoy seguimos luchando por ser reconocidos, esperamos un día poder pertenecer a los dos. Esa es la paradoja de crecer entre dos mundos.

Estás en uno, agradecida, construyendo una vida. Pero sigues sintiendo que tu alma pertenece al otro.

Y mientras tanto, te esfuerzas por encajar, por crear un puente, por encontrar un hogar que pueda existir entre ambas tierras.

Y así empezamos a vivir entre dos mundos... Aprendiendo a sortear los obstáculos de uno, mientras cargábamos el dolor del otro.

Capítulo III.
Entre la sombra y la esperanza

Las Puertas de Papel

Llegar a Estados Unidos no significó llegar al paraíso. Significó empezar una nueva vida... en la sombra. Desde ese momento me convertí en una persona "ilegal", una palabra que nunca entendí del todo, porque yo no me sentía ilegal. Me sentía como una niña queriendo estar con su familia, estudiar, disfrutar, salir adelante... aunque la ley no lo veía así.

Como ya compartí en otro momento de este libro, cuando me gradué de la escuela secundaria —la *High School*— me encontré con las puertas cerradas. No fue por falta de talento, esfuerzo o dedicación. Fue simplemente porque no tenía los documentos. Las oportunidades no existían para mí, no estaban a mi alcance.

Esas puertas, oportunidades, a las que a tantos se les abren fácilmente, para mí estaban selladas. Yo las bauticé, las llamé **"las Puertas de Papel"**, porque un simple papel podía abrirlas... o mantenerlas cerradas.

Después de aplicar a un par de colegios y poder finalmente asistir a uno por un breve tiempo —pero que tuve que abandonar cuando por tercera vez me pidieron mi número de seguro social, el cual no tenía— por miedo, por vergüenza, tuve que dejar la escuela.

También intenté ingresar a la *Navy*, al Ejército, con la esperanza de servir y abrirme camino. Pero tampoco me fue posible. Me faltaba ese papel mágico que decidía mi destino.

En aquel tiempo, era muy activa en la iglesia católica local, en el grupo de jóvenes. Ahí descubrí lo hermoso que era servir a los demás. Las religiosas que atendían la iglesia de Santa Inés, en La Villita, tenían una misión-casa en Ciudad Obregón, Sonora. Admiraba profundamente su entrega, cómo se daban a la comunidad, cómo cuidaban y querían a todos.

Fue así como, al cumplir los 18 años, tomé la difícil decisión de regresar a México para entrar a ese convento. No podía avanzar en este país, pero tal vez sí podía servir en el mío. Me despedí de mi madre, de mi padre, y con fe en Dios me fui, con la ilusión de regresar a mi México a servir a mi país. Les dije a mis padres: si Dios quiere que yo regrese a Estados Unidos, Él abrirá el camino.

Llegué a Ciudad Obregón, Sonora, sin conocer a nadie. En el convento conocí a otras jóvenes, incluso una que también venía de Chicago. Fueron meses de formación, de entrega, de aprendizaje. Aprendí más de México, de sus culturas, de sus tradiciones, del amor incondicional que tantas de esas hermanas religiosas daban con humildad.

Pero también descubrí el otro lado de la religión —no de la fe, ya que la fe y la religión son dos cosas muy distintas—. Aprendí que, incluso en lugares santos, donde se supone que reina el servicio, puede haber soberbia, ego, narcisismo.

Mi experiencia en dos mundos me dio el valor de cuestionar lo injusto. Pregunté por qué algunas hermanas debían servir como sirvientas a sacerdotes, padres y seminaristas, los cuales muchas veces no servían a su pueblo, mucho menos a sus misiones en medio del desierto, donde la gente tiene sed del agua viva que predicábamos. Cuestioné el poder y la falta de entrega. Esa osadía me costó mi permanencia en el convento.

Mi amor por el mensaje de Jesús sigue intacto. Aun así, entendí que, a veces, el problema no es el mensaje, sino los mensajeros.

Me vi de vuelta en Chicago. Fue literalmente la mano de Dios lo que me permitió mi regreso. Entré acompañada de una religiosa y, aunque pasamos por la aduana, no me pidieron mis documentos (los cuales no tenía). Me subí a un camión con destino a Chicago. Sin embargo, mi voz interior me dijo: "No te sientes ni al frente ni atrás, siéntate en medio". Así lo hice. Escuché a mi sexto sentido. Dos horas después, agentes migratorios pararon el camión. Bajaron a los primeros tres pasajeros por no tener documentos. Así fue como pude continuar el viaje hasta Chicago.

Poco tiempo después, conocí a un vecino que me invitó a su iglesia. Era un hombre guapo, amable, lleno de fe. Me hablaba de Dios y de formar una familia. Sentí que me buscaba cada vez más, así que decidí ser honesta. Le conté que era indocumentada y que probablemente me regresaría a México, porque aquí no veía un futuro.

Yo ya sentía que él tenía un cierto interés hacia mí. Él me pidió que no me fuera, que le diera una oportunidad de conocernos. Me comentó que quería ayudarme con mi situación migratoria y formar una familia sirviendo a Dios.

Tenía 19 años. Era —y sigo siendo— una idealista, con ganas de servir y con el deseo de complacer a mi madre, de formar una familia y no tener que dejar Chicago otra vez. Pensé que era lo correcto, la mejor decisión que podía tomar. Me dejé llevar por el momento, la necesidad, las emociones.

Nos casamos muy pronto, sin conocernos bien, y yo sin saber mucho de su pasado... ni de los demonios con los que cargaba.

La noche de bodas fue mi primer encuentro con la violencia doméstica. Así empezó este ciclo disfuncional: abuso, perdón, promesas, luna de miel... y de nuevo el abuso.

Decidí quedarme porque había hecho una promesa: "hasta que la muerte nos separé" (las ideas de la vieja escuela). Tuve a mi primer hijo muy rápido y al poco tiempo ya estaba esperando el segundo. Sabía que no era una relación sana, pero cuando intenté salir, ya estaba atrapada, no solo por el miedo, sino por las amenazas.

—"Si te vas, llamaré a migración".

—"Si me dejas, denunciaré a tus padres".

Las palabras lastiman tanto como los golpes. Los reproches eran constantes: —"Solo te casaste conmigo por los papeles".

Aún después de 13 años de matrimonio y tres hijos, esas palabras no cesaban. Fue a través de este matrimonio que regularicé mi estatus migratorio. Pedí perdón ante la ley, pagué las multas, cumplí con cada paso para regularizar mi estatus.

No obstante, nada cura el dolor emocional. Me tomó años sanar, encontrar la fuerza para salir, y entender que mi libertad no debía depender jamás de un documento, de amenazas... ni de una relación tóxica.

Comparto esto no para inspirar lástima, sino para dar voz a quienes han vivido algo similar.

Muchas personas migrantes —por amor o por ilusión— han terminado en relaciones donde el estatus migratorio se convierte en un arma, en una cárcel emocional, en una sombra más. A ellos los animo: no están solos. Hay vida más allá del miedo.

Una mica, una *green card*, nunca debe valer más que tu dignidad, tu salud mental y tu libertad.

Comparto parte de mi relato como migrante, cómo llegué a este país y algunos de los retos y tribulaciones que tuve que enfrentar. Lo hago con humildad y desde el corazón, porque es precisamente a través de estas vivencias —a veces duras, otras llenas de esperanza— que nació en mí un profundo amor, respeto y admiración por la comunidad migrante.

Sobre todo, porque soy uno de ellos. Porque he caminado por esos senderos. Porque he vivido ese ciclo.

Este libro nace desde ese lugar: desde el deseo genuino de que se escuche nuestra voz, no como cifras o estereotipos, sino como seres humanos con historia, con sueños, con heridas, con aportes.

Te invito a seguir leyendo, a seguir caminando conmigo por esta jornada de los migrantes.

45

Me animé a contar mi historia, no porque sea única, sino porque refleja muchas otras. Para poder entender que no todos los casos son iguales, que no todas las rutas son las mismas, que no todas las llegadas tienen la misma forma.

Capítulo IV.
Migración forzada

Por necesidad

Algunos llegamos siendo niños, otros por decisión propia. Muchos, como verás en este capítulo, llegaron por necesidad, por peligro o por desesperación.

Eso es lo que llamamos migración forzada, y de eso hablaremos a continuación.

Las historias de quienes dejan su hogar no comienzan en la frontera ni en el momento en que ponen un pie en otro país. Empiezan mucho antes: en las calles donde crecieron, en las decisiones que tomaron sus padres, en los momentos de incertidumbre donde el miedo y la esperanza se entrelazan.

La migración forzada no es solo una travesía geográfica, sino emocional. Es el duelo por lo que se deja atrás y la ansiedad por lo que está por venir.

Algunas personas huyen de la violencia, de gobiernos que no les ofrecen seguridad ni futuro. Otras, de la pobreza extrema, de la falta de oportunidades, de un sistema que las margina y las condena a una vida de carencias.

Asimismo, están quienes migran porque el cambio climático ha destruido sus tierras, porque el agua dejó de correr en sus ríos, porque sus cultivos murieron antes de dar frutos.

La migración forzada es el eco de muchas injusticias, pero también la prueba de una inquebrantable voluntad de sobrevivir.

María y la carga de la migración

Hace un tiempo, me tocó trabajar en Ohio. En el hotel donde me hospedaba, pude hacer amistad con las personas que trabajaban ahí, limpiando los cuartos y en el área de comida. Siempre he sentido que entre migrantes hay una conexión inmediata; basta con empezar una conversación para conocer sus historias comunes.

Fue así como conocí a María. Ella tenía treinta y tantos años y, como suele pasar entre nosotros los migrantes, nuestra charla comenzó con la clásica pregunta:

—¿De dónde eres?

—De Tenancingo, Estado de México —me respondió con una sonrisa tímida.

La siguiente pregunta era inevitable:

—¿Cuánto tiempo llevas acá?

—Dos años ya —dijo, como si aún no pudiera creerlo del todo.

Con el paso de los días, la confianza creció. Una tarde, después de varias charlas en los pasillos del hotel, me preguntó en voz baja:

—¿Tú conoces algún número para reportar a alguien que vende droga... pero de forma anónima?

Su pregunta me tomó por sorpresa. Mi curiosidad creció y le pregunté por qué lo necesitaba. María suspiró, miró a su alrededor, como asegurándose de que nadie más escuchara, y finalmente me contó su historia.

Ella había venido a Estados Unidos con su hijo mayor de quince años. Trabajaba todo el día en el hotel y, los fines de semana, si había oportunidad, lavaba trastes en un restaurante. Su hijo iba a la escuela, pero pasaba muchas horas solo en casa. Con el tiempo, había hecho amistad con unas personas en una peluquería cerca de donde vivían. María temía que estuvieran vendiendo droga y que estuvieran influenciando a su hijo.

Le pregunté por qué había tomado la decisión de migrar y si él era su hijo único.

—No… tengo otro, de tres años.

Sus ojos se llenaron de lágrimas al decirlo. Me explicó que en México trabajaba en una fábrica, pero esta cerró y no pudo encontrar otro empleo. Lo poco que ganaba no alcanzaba para mantener a sus hijos y ayudar a sus padres, quienes ya eran mayores. Su esposo la había abandonado y, sin muchos estudios —pues no pudo terminar más que la primaria— no tenía muchas opciones. Migrar fue la única salida que encontró para intentar darles una vida mejor.

—¿Por qué no trajiste a tu hijo pequeño? –pregunté con cautela.

—Solo pude traerme al grande…

Bajó la mirada y se quedó en silencio unos segundos antes de continuar.

—Me dolió mucho dejarlo con mis padres, pero no tenía otra opción.

Ese es el problema de la migración forzada: la separación familiar. Las familias quedan fragmentadas. En ocasiones es el padre o la madre quien se va, dejando a sus hijos atrás. En otros casos, logran emigrar con uno, pero deben dejar a otros en su país de origen. María, como muchas otras madres migrantes, enfrentaba una doble ausencia: su hijo pequeño al otro lado de la frontera, creciendo sin ella; y su hijo adolescente, aquí, expuesto a peligros mientras ella trabajaba sin descanso.

Hice cuentas mentalmente: si María trabajaba 35 horas a la semana en el hotel y ganaba $14 por hora, después de una hora de almuerzo forzada y sin pago, eso significaba que antes de impuestos ganaba alrededor de $500 a la semana. Después de los descuentos, probablemente le quedaban unos $1,500 al mes. Con una renta barata de $800, transporte, comida y otros gastos, quizás lograba enviar a México unos $300 al mes. $300 dólares para sostener a su hijo pequeño y a sus padres.

La migración forzada es una herida abierta. María no se fue porque quiso, sino porque no tenía otra opción. A pesar de eso, incluso después de cruzar la frontera, las dificultades no terminan. Aquí, lejos de su tierra, su lucha apenas comienza.

El retorno: volver, sin volver del todo

La migración forzada no solo separa familias; también deja a muchas personas atrapadas en un limbo entre dos mundos. Para algunos, la vida en el extranjero se convierte en un camino sin retorno. Para otros, el regreso es inevitable, aunque nunca sea como lo imaginaron.

María, como tantas otras madres migrantes, vivía con la esperanza de volver algún día. Pero el regreso no siempre es una decisión propia. A veces, la vida empuja de vuelta con la misma fuerza con la que antes nos obligó a salir.

Me encontré con María varios meses después de nuestra primera conversación. Se veía más cansada, más delgada. Me contó que su hijo mayor había empezado a faltar a la escuela, que lo notaba distante, más rebelde. Su miedo se había vuelto realidad: la peluquería del vecindario era un punto de venta de droga y su hijo estaba cada vez más involucrado. Se pasaba ahí todo el día.

—No sé qué hacer —me dijo con la voz quebrada—. Yo no vine aquí para esto…

Las opciones para ella eran pocas y todas difíciles. Podía quedarse, seguir trabajando y esperar que su hijo entendiera el peligro antes de que fuera demasiado tarde… o podía regresar a México y estar con sus dos hijos, pero con la incertidumbre de cómo sobrevivir allá sin trabajo.

La jornada de María, como la de muchos migrantes, no termina al llegar a la tierra prometida. Como solemos pensar, creemos que es la tierra de las oportunidades. Pero lo que poco entendemos es que, al cruzar la frontera, una etapa se cierra y otra —muchas veces más difícil— se abre.

Más allá de los desafíos que enfrentó para llegar, ahora María se enfrenta a una realidad aún más dura: una familia dividida y la responsabilidad de sostener un hogar sin el apoyo de sus padres.

Su hijo de 15 años, en plena adolescencia, también lucha por adaptarse a una nueva cultura. Una edad crítica donde las influencias pueden definir el camino que tomará. Aquí, las tentaciones son muchas: el alcohol, las drogas, las pandillas, el dinero fácil.

Hemos visto demasiados casos en los que jóvenes migrantes, al llegar a esta edad, terminan atrapados en un mundo de violencia y peligro. Tal vez porque la presión es más fuerte en un país donde no pertenecen del todo. O tal vez porque el trabajo de sus padres los deja demasiado tiempo solos. María, como tantos otros, trabaja largas jornadas para poder pagar la renta, cubrir sus responsabilidades aquí y, al mismo tiempo, mandar dinero a casa.

Pero en ese esfuerzo de sostenerlo todo, el precio puede ser demasiado alto.

Para el mexicano que se queda en México, a veces es muy fácil juzgar o criticar a personas como María y su decisión de dejar su tierra, de "escapar" hacia un sueño americano... que con el tiempo entendemos que nunca existió para nosotros. Ese sueño no nos pertenecía. Nunca fue nuestro.

Lo que realmente deberíamos buscar es la posibilidad de vivir con dignidad, con los recursos que nuestro propio país nos brinda. Sin embargo, para quienes nunca han sentido la necesidad de mirar hacia el norte, el migrante puede ser un extraño, alguien a quien no siempre comprenden. Y la empatía, en muchos casos, es poca.

Tal vez porque nunca han escuchado de primera mano la historia de alguien que cruzó la frontera... y el resto de la historia.

Tal vez porque solo ven a los familiares de los migrantes que se quedaron en México y observan que, poco a poco, empiezan a construir su casa, porque reciben los dólares para comprar el material, para llenar la mesa de pan, para que no les vuelva a faltar nada. 21

Desde lejos, parece que les va bien. Pero pocos saben lo que tomó llegar ahí.

No ven las largas jornadas interminables de trabajo, la soledad, el miedo, la angustia de vivir en un país donde siempre se es un extranjero.

No saben cuántas veces el migrante pensó en rendirse, en regresar, en olvidar ese sueño que cada día se sentía más pesado. (*Esa es otra historia*).

Pero la realidad es que hay muchos motivos por los que alguien como María toma la decisión de irse: la desesperación, la pobreza, la falta de oportunidades, la ausencia de educación, la promesa de un mejor futuro para sus hijos, el primo que se fue y al que parece irle bien...

Todas estas razones, mezcladas con la esperanza y la incertidumbre, empujan a miles a cruzar la frontera.

No por gusto. No por ambición. Sino porque quedarse, muchas veces, no es una opción.

Capítulo V.
Esclavitud moderna

El precio del silencio

Hace poco tiempo, tuve la oportunidad de trabajar en la respuesta al huracán Milton y Helene, en el estado de Florida. Desde el primer día me di cuenta de algo que me marcó: especialmente en las zonas afectadas cerca de la playa —donde la industria turística es el motor económico— había una presencia impresionante de chiapanecos y guatemaltecos.

Muchos de ellos no hablaban español como lengua materna. Hablaban tzotzil, tzeltal, k'iche', maya y otras lenguas originarias. Quedé conmovida por su resiliencia... pero también por el dolor de saber que mi querido México —Guatemala, y Centroamérica— están perdiendo a su gente valiosa.

Mi pensamiento fue claro: México está sangrando a su pueblo, a su cultura.

Tengo el atrevimiento de sentir, de pensar que mi México está vendiendo, rentando o dejando ir a su gente y a su gente indígena. Personas que deberían ser tesoros culturales, pilares vivos de nuestra historia, ahora están recogiendo fresas bajo el sol de Florida, trabajando jornadas agotadoras para sostener la economía de un país que ni siquiera los reconoce, al cual no pertenecen.

Entre ellos conocí a Elia. Su casa móvil había sido severamente dañada por el huracán. El agua había entrado y lo poco que tenían estaba arruinado. A pesar de ello, estaba buscando ayuda con dignidad, sin quejarse. Con el tiempo, pude sentarme a platicar con ella. Le pregunté qué la hizo dejar Chiapas y venirse al norte.

Su mirada se endureció.

—Mi mamá murió cuando yo tenía como doce o trece años –me dijo–. Nadie me ayudó. Dormí en la calle y vendía artesanías para sobrevivir.

Me habló de las calles de San Cristóbal, de Tuxtla, de esos puestos llenos de colores que todos miramos, pero pocos valoramos. De niña, vendía la tradición de su pueblo, su arte, mientras dormía en las banquetas.

Un día, alguien del pueblo estaba organizando un viaje hacia Estados Unidos. Uno de sus hermanos le dijo: "Ésta puede ser tu salida". Y así fue.

Con apenas catorce años, comenzó su travesía. Cruzó la frontera y empezó a trabajar en los campos de California, recogiendo naranjas. Ahí conoció a otro migrante, con quien se casó muy joven. A los 19 años ya tenía dos hijos. Se mudaron a Georgia, y después a Florida, buscando trabajo.

—¿A qué te dedicas ahora? –le pregunté.

—Estoy en la pizca de fresas.

Me explicó que, cuando hay muchas fresas, le pagan dos dólares por cada caja con ocho canastitas. En una hora, puede levantar entre seis y ocho cajas... si hay abundancia. Si no, tal vez tres o cuatro.

60

A pesar del trabajo duro, de su casa dañada, Elia era una mujer fuerte, amable, llena de luz. Mientras hablábamos, su esposo trataba de reparar lo que quedaba de la casa móvil. Antes de despedirme, me dijo algo que todavía llevo en el corazón:

—El problema no es tanto el trabajo... es el agua. Cuando recogemos fresas, aunque usamos botas y guantes, el agua se nos mete, y esa agua tiene pesticidas y químicos. Y ahora, en la clínica de la comunidad, hay mucha gente con cáncer. No sé si ese es el motivo... pero eso es lo que la mayoría de nosotros que recogemos la fresa pensamos.

Le pedí grabar un pequeño video para mostrar cómo viven los migrantes. Ella aceptó. Quise que el mundo viera su rostro, su voz, su verdad. Aunque, al subirlo a las redes sociales, el juicio fue inmediato y cruel.

En lugar de escuchar su historia, la gente comentó sobre su apariencia, su edad, el desorden de su casa móvil. Se burlaron de una camioneta vieja que aparecía en el fondo:

—"¿Sufriendo? Pero miren qué camioneta tiene".

No entendieron —o no quisieron observar— que acababan de sobrevivir a un huracán, y que la camioneta no era lujo, era una herramienta de trabajo. Que no era desorden, era sobrevivencia.

Que su rostro no estaba maltratado, era el reflejo de años de esfuerzo.

A esto yo le llamo esclavitud moderna. La misma esclavitud que viven quienes trabajan en los establos de leche en Minnesota, en las fábricas de pollo, en los campos de sandía, de tomate, de zanahoria, en las empacadoras, en los invernaderos, en las plantas de carne.

Mientras ellos trabajan por centavos, las remesas se convierten en la fuente de ingreso más alta de México, superando incluso al turismo y a la industria automotriz. Me duele decirlo, pero parece que a nuestros paisanos los vendemos al norte... a cambio de dólares.

Eso también debe contarse. Porque ellos también son trabajadores esenciales. También merecen reconocimiento, respeto y visibilidad.

Deberían salir en los noticieros, en las campañas, en los libros de historia. Porque gracias a ellos, hay leche en la mesa, hay frutas en el mercado, hay flores en los altares.

Elia y su esposo son indocumentados. Viven a la merced de una política migratoria que no les ofrece salida. Forman parte de una familia binacional: hijos nacidos en Estados Unidos, padres sin papeles, sin un camino claro hacia una reforma migratoria.

A pesar de eso, siguen trabajando. En silencio. Invisibles. Pero esenciales.

Capítulo VI.
La migración en retorno

De regreso

La migración de retorno: un camino lleno de nostalgia, miedo y esperanza

Otro gran capítulo que debemos contar es el de la migración de retorno. Son muchas las personas que viven con miedo ante esta posibilidad, especialmente quienes llevan años —o incluso décadas—viviendo en el exterior. El país donde radican se ha vuelto su hogar, su nueva casa. Han echado raíces, tienen familia, hijos, y algunos, con mucho esfuerzo, han logrado comprar una propiedad o poner un negocio. Han aprendido a vivir día a día en su nuevo país, creando su pequeño México lejos de México, viviendo con la nostalgia constante del verdadero México.

Desde 1986, cuando fue la última amnistía, han pasado casi 40 años. Hay compañeros y compañeras que han esperado todo este tiempo una nueva oportunidad, soñando con la posibilidad de regresar a México. Y, por supuesto, están los valientes que lo han intentado, cruzando una y otra vez la cruel frontera.

Para quienes llevan 30, 20, 15, 10 o incluso solo 5 años viviendo en un país con nuevas raíces y una nueva familia, la idea de regresar a la fuerza se vuelve una pesadilla. No es falta de amor a la patria, sino que lo más bonito y valioso de la vida —la familia, los amigos, la casa, el trabajo— ahora está en el "lugar equivocado".

La vida se vuelve confusa, incierta, con muy pocas posibilidades de regresar sin perderlo todo. La nostalgia por la familia en México —padres, hermanos, primos— poco a poco se va calmando cuando se construye una nueva vida. Pero cuando llega la amenaza de una deportación o migración forzada, todo lo que se ha logrado queda atrás.

Aún recuerdo la llamada por teléfono que recibí de un señor del Estado de México, al que yo no conocía, pero que me llamó buscando apoyo. Vamos a llamarlo Juan.

Juan me contó que había vivido en Detroit, Michigan, por casi 25 años. Que, como varios de nosotros, había cruzado por la frontera, que era indocumentado, y que por eso manejaba sin licencia. Por necesidad, se decidió a comprar una identidad falsa.

—No por querer delinquir –me dijo–, sino por necesidad, por querer trabajar y mantener a mi familia.

Algo que la ley, cuando es rígida y no entiende el contexto humano, no puede ver.

Un día, al volver del trabajo, lo detuvieron los *sheriffs* porque una de sus luces traseras no prendía.

Como es rutina, le pidieron su licencia de manejar. Él mostró la única que tenía: la licencia falsa. Los *sheriffs*, al darse cuenta, lo arrestaron y le dieron cinco años de condena en un centro de detención migratoria. Me platicó que cumplió tres años y luego lo deportaron a México.

La llamada que me hizo desde México fue desgarradora. Escuchar a un hombre llorar al contarme que su

66

esposa, sus hijos, sus nietos, su casa y su vida estaban allá… y que él, aquí, en México, no tenía nada. Ni siquiera su acta de nacimiento.

Me preguntaba:—"¿Cómo empiezo de nuevo?".

Estos son los testimonios que no se cuentan. Historias de dolor, de pérdidas invisibles. La crueldad y tristeza de una migración forzada sin un plan, sin un apoyo.

Por otro lado, incluso quienes planean regresar voluntariamente a su querido México enfrentan enormes retos. Entre más tiempo pasas en el extranjero, más difícil es adaptarte. Recuperar tus documentos, tramitar tu INE, rehacer tu identidad legal… Sobre todo, si tus hijos nacieron en el exterior. Ellos también enfrentan un choque cultural. Es conseguir un trabajo, una casa. Es un volver a empezar.

Por eso es importante entender el fenómeno de la migración de retorno desde un punto de vista humanitario, con empatía. Regresamos porque extrañamos, porque llevamos la nostalgia por dentro. Extrañamos los olores, los colores, los sabores de México. Los días festivos, las reuniones familiares. Regresamos con la esperanza de que nuestro México nos abrace, nos entienda y nos ayude a empezar de nuevo.

Esperando que ese regreso no se sienta como una derrota, sino como el inicio de una nueva historia.

Donde el dolor y las cicatrices de haber vivido lejos se transformen en una gran experiencia, en una fuerza, en un suspiro de vida que nunca se olvida.

Capítulo VII.
Familias binacionales

Diferentes formas de crecer

Lamentablemente, a veces es más fácil brincar a conclusiones o juzgar sin entender.

En 2023, un grupo de música regional mexicana, formado por jóvenes de familia michoacana pero nacidos en el estado de Washington —un lugar con una gran población latina— visitó México. Durante su visita, fueron duramente criticados por expresar que no les gustaba mucho la comida mexicana y que preferían, entre comillas, "chicken nuggets". También comentaron que México no les gustaba tanto. Los medios de comunicación los destrozaron sin compasión, sin detenerse a comprender su posición.

Para quienes tenemos hijos nacidos en Estados Unidos —o en otro país— esto es fácil de entender. Muchas veces, las famosas *chicken nuggets* y otros alimentos similares forman parte de su vida cotidiana, sobre todo en familias donde ambos padres trabajan largas horas en fábricas o en el campo. Esa comida rápida y accesible se convierte en lo habitual: es barata, fácil y parte de su entorno. En México, su equivalente podría ser una torta o unos tacos del mercado.

Otro punto que pocos entendieron es que estos jóvenes crecieron en un entorno muy diferente a la Ciudad de México o a cualquier pueblo de Michoacán. Son una segunda generación, lo que significa que el amor por México, el idioma y las tradiciones les fueron transmitidos por sus padres, porque ellos mismos aún no las han vivido, no las han experimentado, no las han descubierto de primera mano.

Ver cómo los trataron, sin darles oportunidad de enamorarse de México, fue triste. Nadie se detuvo a pensar de dónde venían o dónde vivían ellos realmente, cuál era su entorno. No se les dio empatía. No se les dio la oportunidad de conocer y entender sus raíces antes de juzgarlos.

Quise contar este ejemplo porque sé que hoy, y en los años por venir, muchas familias binacionales regresarán a México con sus hijos nacidos en Estados Unidos u otros países. Y así mismo, van a enfrentarse a estas mismas situaciones: burlas, críticas o juicios en la escuela, en su barrio, o incluso entre familiares y amigos. Habrá quienes los critiquen o los juzguen sin comprender la complejidad de su identidad.

No entienden que en esos niños y jóvenes existen dos culturas, dos mundos, intentando convivir en un solo corazón.

A través de este ejemplo, a quien esté leyendo esto, le pido que muestre más bondad. Que recuerde la hospitalidad mexicana que tanto nos enorgullece. Que, en lugar de burlarse o señalar, ayuden a esta nueva generación de mexicanos nacidos en el extranjero a enamorarse de su cultura, de nuestra gastronomía, de nuestras tradiciones, de nuestro país. Solo así podrán sentirse parte de la tierra que también les pertenece, aunque hayan nacido lejos de ella.

Capítulo VIII.
Hijos ciudadanos, padres indocumentados

Hijos ciudadanos, padres indocumentados

Qué frase tan fuerte y real: "Hijos ciudadanos, padres indocumentados". Una frase que representa la vida de tantos de nosotros que, tras llegar a este país sin papeles, seguimos la ley natural de la vida: nos enamoramos, formamos una familia… y nuestros hijos nacieron aquí.

Para muchos, ese momento fue motivo de alegría. Sentimos que, de alguna forma, ellos ya "la hicieron". Que, al ser ciudadanos, tendrían todo lo que nosotros no hemos podido alcanzar: seguridad, derechos, oportunidades. Sentimos, en el fondo del corazón, que les dimos un gran regalo. Que su nacionalidad es una especie de escudo, una puerta que nosotros nunca logramos cruzar. Les dimos algo que nosotros —y muchos otros— no hemos podido obtener: la pertenencia legal.

Las llaves a las Puertas de Papel
Y aunque vivamos en las sombras, hay un pequeño orgullo que nos sostiene: saber que, al menos con ellos, hicimos algo bien. Nos reconforta el corazón pensar que tendrán un futuro mejor. Uno que no esté lleno de miedo a ser descubiertos, detenidos, deportados.

Hace unos meses estuve en California, justo durante las marchas contra las políticas migratorias de la nueva administración. Ahí vi a muchos jóvenes con carteles en alto. Uno de ellos, grande, rojo, se quedó grabado en mi memoria: "Mi abuelita no es un criminal."

Otro decía: "Gracias a mis padres, porque me dieron todo cuando ellos no tenían nada". **32**

No eran frases aisladas. Eran gritos de amor. Leer esas pancartas me llenó de alegría, de orgullo, de esperanza. Ver a esa nueva generación —hijos ciudadanos de padres migrantes— entendiendo lo que hemos dado y lo que hemos perdido, fue un bálsamo para el alma.

Porque es cierto: muchos de nosotros no tuvimos —ni tenemos— nada, pero aun así hemos tratado de darlo todo.

Y esa frase: "Mi abuelita no es un criminal", me tocó el corazón.

Porque, aunque ahora nos quieran etiquetar como "ilegales", la pregunta sigue doliendo:

¿Qué significa ser ilegal?

¿Puede un ser humano ser ilegal?

La respuesta es no. Lo que falta no es dignidad, es un documento.

Recuerdo cuando terminé la *High School*. Quería seguir estudiando, conseguir un mejor trabajo. Pero no tenía lo que este país exigía: un número de seguro social, una tarjeta de residencia. Para mí, eran solo papeles... pero sin ellos, las puertas estaban cerradas.

Me sentía como frente a un gran buffet. Podía verlo, podía olerlo, pero no podía tocarlo.

Y yo, con hambre, con ganas, con sueños... no podía acceder a nada. Esa es la impotencia que sentimos.

La frustración de vivir en una sociedad donde el valor de una persona se mide por un papel.

Y sí, las leyes existen. Los documentos existen. Tienen un propósito. Nos ayudan a organizarnos, a convivir.

Pero cuando esas leyes dejan de servir a las personas y empiezan a destruir sueños, familias, futuros, amores y oportunidades... entonces hemos perdido el rumbo.

El día que entendamos que los documentos deben trabajar para las personas —y no al revés—, ese día habremos dado un gran paso como sociedad.

Capítulo IX.
La incertidumbre diaria

La verdadera incertidumbre

El miedo al vacío que puede abrirse en cualquier momento bajo nuestros pies.

Vivir como persona indocumentada en un país ajeno es vivir bajo una incertidumbre diaria. Esa incertidumbre puede presentarse de muchas formas: el miedo a que, de repente, en tu trabajo, el jefe, la compañía o la agencia verifiquen tu estatus migratorio; a que revisen el número de Seguro Social con el que estás trabajando. Es el miedo constante a manejar y ser detenido por la policía, ya sea por una falla en las placas del vehículo, por un simple control de tráfico o, peor aún, porque no tienes licencia de conducir —algo que, en muchos estados, es difícil de obtener si eres indocumentado.

Aunque vivimos agradecidos por cada día y hacemos planes como cualquier otra persona, en la mente de un indocumentado siempre habita esa pregunta: ¿y qué pasaría si me detienen?, ¿qué pasaría si en mi trabajo revisan mis papeles?, ¿qué pasaría si me deportan de un momento a otro?

El problema no es solo regresar al país de origen. El verdadero dolor está en todo lo que quedaría atrás: la familia, los hijos nacidos aquí, las pertenencias, los compromisos adquiridos, la comunidad que hemos ayudado a construir. ¿Qué pasaría con la vida que, con tanto esfuerzo, construimos aquí, que aprendimos a organizar, a crear, a diseñar?

Esa es la verdadera incertidumbre: el miedo al vacío que puede abrirse en cualquier momento bajo nuestros pies.

Entiendo que todos, de alguna manera, vivimos con incertidumbre sobre el futuro —incluso aquellos que nunca emigraron—. En cambio, para una persona indocumentada, esa incertidumbre lleva una doble o triple carga. No se trata solo del futuro incierto; se trata de que toda tu vida construida en otro país puede desaparecer en cuestión de horas —o minutos, en algunos casos— por algo tan simple como una verificación administrativa, una corte o la falta de un documento.

Especialmente en estos tiempos de endurecimiento de las políticas migratorias, esta sombra es aún más pesada.

Para quienes lean este libro, quiero invitarles a reflexionar sobre esa capa extra de incertidumbre con la que muchos migrantes sin documentos —y en algunos casos, con documentos— viven cada día.

A pesar de ello, seguimos soñando, seguimos fielmente mandando dinero a nuestras familias, seguimos luchando por crear algo mejor. No obstante, vivimos como si tuviéramos una espina clavada en el alma, con esa pregunta dolorosa: ¿y si me descubren?, ¿y si todo desaparece?, ¿y si me deportan?

Esa espina, además, va cargada de vergüenza, temor y dolor. Es difícil explicarlo. Aun así, para quienes hemos tenido que llenar un formulario, una aplicación, buscar empleo o simplemente enfrentar la pregunta: "¿Tienes número de Seguro Social?", sabemos que esa herida se vuelve a abrir. Es una herida silenciosa, pero siempre presente.

Capítulo X.
30 y 40 años sin documentos: el costo humano del limbo migratorio

Viviendo en el limbo

Hace unos días vi una imagen en redes sociales: un hombre, ya mayor, tal vez en sus sesentas, con el rostro cansado y la mirada profunda, como reflexionando sobre su vida. Arriba, había una frase escrita: "Nomás me voy tres años al gabacho y regreso..."

Y entrecomillado, como en broma amarga: "Treinta años después". Esa es la historia de tantos...

Muchos llegamos a este país con la idea de quedarnos un par de años, hacer unos dólares, ahorrar para una casa, un taxi, una tienda, etc.

Solo íbamos a "estudiar inglés".
Solo serían dos o tres años.
Solo iba de visita. 37

Pero esos años se vuelven diez...
Luego veinte...
Luego treinta o cuarenta...
Y seguimos en el limbo migratorio.

Un limbo que, como su nombre lo dice, no es tierra firme, no es un lugar seguro o de pertenencia.

Es estar entre dos mundos: uno que no nos da documentos, beneficios o nos reconoce, y otro que ya no nos espera.

Cada año vivimos con esa esperanza. Cada vez que entra una nueva administración, pensamos que tal vez, ahora sí, habrá una reforma migratoria, una amnistía, un permiso, una ley que nos reconozca.

Tal vez este año, este congreso, este presidente... Sin embargo, seguimos esperando, con fe en Dios... y con la esperanza puesta en que algún servidor público se apiade de nosotros.

Mientras tanto, seguimos sembrando aquí. Invertimos nuestros años, nuestra fuerza, nuestra vida, aunque lo único que anhelamos es eso: que un día alguien nos reconozca como parte de esta gran nación.

"Te aceptamos, te lo has ganado, puedes quedarte y vivir en paz".

Queremos ese documento simbólico que reconozca nuestra existencia, nuestra aportación, nuestro esfuerzo, nuestro tiempo. Porque esto no es solo tiempo o inversión, es la única vida que tenemos.

Lo más duro es la otra cara del limbo: la nostalgia de un país que no ves desde hace 10, 15, 30 años.

Un país al que no puedes regresar, no porque no quieras, sino porque no tienes los documentos para hacerlo sin perderlo todo.

No hay fecha de regreso.

No hay boleto de vuelta.

Y si te regresas... ¿qué tal si al año siguiente llega la reforma?

¿Y si justo cuando te vas, por fin te tocaba? ¿Y si por fin hacen una reforma migratoria?

Esa duda eterna... también es parte del limbo.

En las pláticas entre migrantes, es inevitable muchas veces tener esta conversación:

—¿De dónde eres?

—¿Cuánto tiempo llevas aquí?

—Yo tengo 10 años...

—Yo 20...

—Yo desde el '86, desde la última amnistía.

Sí, 1986. La última vez que se reconoció legalmente a una gran cantidad de personas fue casi hace cuatro décadas.

En algunos casos puede verse o sentirse como cuarenta años de condena.

Una condena que nos alejó de nuestras familias, que nos quitó la posibilidad de volver, que nos hizo vivir entre la esperanza y el miedo.

A veces envidiamos en silencio a quienes pueden ir y venir. Honestamente, yo también llegué a sentir eso.

En mis redes sociales, en más de una ocasión he publicado fotos cuando he estado en México, cuando he ido por trabajo, por activismo, algún evento familiar o por compromiso con los migrantes.

En más de una ocasión, algún seguidor me ha escrito:

"Tú sí, Selene, porque tú sí puedes. Tú sí tienes papeles. Tú sí puedes ir a México y regresar".

"Yo tengo más de 20 años sin ver a mi mamá".

"Para ti es muy fácil viajar y hablar".

Al principio, intenté explicarles. Les decía: "Yo también estuve ahí. Yo también pasé años sin poder ir. Te entiendo. Estoy haciendo esto precisamente para visibilizar lo que vivimos los migrantes." Pero me respondían lo mismo: "Es muy fácil para ti decirlo, porque tú sí puedes".

Eventualmente entendí lo que sus comentarios me compartían. Comprendí que, a veces, cuando el dolor y la impotencia son tan grandes, ni la mejor explicación consuela. 41

No es envidia, ni celos, es una desesperación profunda. Es ese dolor o impotencia de, tal vez, tener el dinero, el tiempo, las ganas... pero no el documento.

Eso es el limbo, esa es la condena silenciosa.

Si tú que estás leyendo esto eres migrante, tal vez puedes entender a qué me refiero o sabes de lo que te estoy hablando.

Y si no eres migrante y estás tratando de entendernos, te invito a imaginarte:

Que tal vez tienes todo para regresar a tu país y visitar a tu familia —la cual no has visto por años—, tienes todo para poder realizar ese viaje... excepto ese documento que te permitirá regresar a tu vida actual en este país, si ese es tu plan.

Un documento que define si puedes abrazar a tu madre, ver a tu padre en vida o estar en el funeral de tu hermano.

Ese es el costo humano del limbo migratorio: la falta de documentos que nos coloca en una posición de invisibilidad y vulnerabilidad.

Vivir sin papeles es como tener un pie dentro y otro fuera. Es ocultar una parte de nuestra identidad por temor a ser descubiertos. Es temer que, en el trabajo, en la escuela de nuestros hijos o en cualquier interacción cotidiana, alguien descubra nuestra condición y eso cambie todo.

Para quienes no han vivido esta experiencia, puede ser difícil de comprender. Es como esperar un día soleado que nunca llega; siempre está nublado, siempre bajo la sombra de esa nube gris. Aunque vivimos en un mundo con nuevas tecnologías, con avances médicos y nuevos tratados, aún millones de personas seguimos viviendo en la sombra debido a nuestra situación migratoria.

Sí, se supone que deberíamos aprender de la historia para no repetir los mismos errores y crecer como seres humanos. Tal vez me atrevo mucho al querer comparar, aunque sea mínimamente, lo que viven los migrantes indocumentados con lo que experimentaron nuestros hermanos y hermanas judíos durante la Segunda Guerra Mundial (escribo esta mínima comparación con mucho respeto al pueblo judío).

En aquel entonces, por el simple hecho de ser judíos y no encajar en el ideal nazi, miles de personas tuvieron que vivir en la sombra, ocultándose para sobrevivir. Aunque las circunstancias son diferentes, la sensación de ser invisibles y temer por nuestra seguridad es un sentimiento constante.

Tal vez suene dramática mi comparación, pero para alguien que ha vivido en la sombra durante años, esperando que un servidor público, un senador, un congresista o una administración gubernamental se apiade y otorgue una amnistía, un permiso, una tarjeta o un número de Seguro Social, esa es la esperanza con la que viven millones.

La esperanza la tenemos puesta en Dios, en el Creador, en el dueño del "¡claro que sí!", pero también tenemos la esperanza en que el hombre reconozca nuestra humanidad y nos brinde la oportunidad de salir de la sombra.

Capítulo XI.
Cuando la muerte llega lejos

Cuando se muere lejos del pueblo

La muerte es, probablemente, lo único seguro desde el momento en que nacemos.

Podríamos hablar de ella desde muchos ángulos, pero hoy quiero hablarte de una muerte distinta: la que nos encuentra lejos.

Cuando la muerte llega lejos —lejos de la casa, del pueblo, de la familia, de la tierra—, el dolor se vuelve otro.

Si eres migrante, seguramente ya sabes a qué me refiero. Y si no lo eres, pero estás leyendo este libro con el deseo genuino de entendernos desde un punto de vista muy humanitario, te lo agradezco.

Porque esto es parte de nuestra narrativa también: morir en tierra ajena.

Tristemente, no ha sido una, ni dos, ni tres veces que he recibido llamadas, mensajes, peticiones... todas con una urgencia en común:

Ayudar a regresar el cuerpo de un hermano o hermana migrante que falleció lejos de su hogar, porque dejó de respirar en este país, lejos de sus hijos, lejos de su esposa, de sus padres, lejos de los suyos, lejos de su pueblo.

Muchos familiares no saben por dónde empezar, no tienen recursos, y la única manera de encontrar consuelo es poder despedirse, aunque sea solo eso: verlo y decirle adiós por una última vez, de una manera digna, llena de amor entre los suyos. En otras palabras, llorarle a su muerto.

Eso también significa cuando la muerte llega lejos. Llega lejos del sueño que nos hizo salir de casa, lejos de la idea de venir a trabajar unos años para ahorrar algo y regresar, lejos de esa promesa que se rompió sin avisar.

Cuando la muerte llega lejos, también aflora otra cara del migrante: su corazón bondadoso. La comunidad reacciona con resiliencia, con generosidad, con empatía, con amor.

Hacemos colectas, organizamos kermeses, pedimos ayuda, tocamos puertas, pedimos favores, hacemos llamadas...

Todo para mandar de regreso a casa a nuestro hermano o nuestra hermana migrante, aun así, sea en un ataúd.

Aunque sea solo para que su madre, su padre, su esposa, sus hijos o amigos puedan tener ese consuelo y puedan suspirar por él o por ella.

Pero hay otra forma en la que la muerte también llega lejos: cuando nos toma en el camino.

Así como a quienes mueren en la frontera, en el camino, en el desierto, en el río, en ese intento por alcanzar algo mejor...

A los que quedan en el olvido, ahogados en un cruce, o abandonados por traficantes que comercializan con lo más sagrado: la vida.

Cuando el migrante se vuelve un número.

Un dólar.

Un bulto en un tráiler.

Donde la muerte llega entre extraños, que se vuelven compañeros de viaje y de velorio.

Sin aire.

Sin agua.

Sin nombre.

Cuando llega sin nombre, sin cuerpo, sin explicación, y deja a una familia esperando una llamada... una noticia... una señal de vida.

Así mismo llega lejos, cuando ocurre en un accidente huyendo del temor de la policía o de la migra, o cuando ocurre por un acto de injusticia, por manos de quienes se creen ley, pero solo son hombres empoderados por sus armas y una falta de amor al prójimo.

Una de las cosas más tristes que nos puede pasar como migrantes es esto: morir lejos, sin poder cerrar el ciclo con nuestra familia, sin despedida, sin regreso.

Eso, eso también es parte de nuestra historia. Eso es... *cuando la muerte llega lejos.*

Capítulo XII.
El duelo que se vive en silencio

Sin el último adiós

Cuando hablo de historias de migrantes que no pudieron despedirse, no me refiero a una o dos... son muchas, demasiadas.

Tantas, que duelen con solo recordarlas. Historias de quienes nunca volvieron a ver a sus seres queridos. Historias tal vez como la mía:

Aún recuerdo, tenía 13 años, la última vez que vi a mis abuelitos en mi querido México. Íbamos rumbo a la terminal de camiones, camino a Tijuana, donde cruzamos la frontera.

No lo sabía entonces, pero esa sería la última vez que vería a mi abuelito "Pepe" Estrada.

Su rostro sigue grabado en mi mente, como si hubiera sido ayer.

Su bigote espeso, el cigarro en la mano —ese que nunca dejaba—, los pantalones cafés de tela gastada y su figura recargada en la cerca de metal que rodeaba la casa.

Me miró con ternura: —Adiós, bruja. Cuídate –me dijo con esa voz ronca y amorosa.

Yo le respondí con una sonrisa, agitando la mano desde la ventanilla del coche.

Esa fue la última imagen que tengo de él. Mi última mirada, mi último recuerdo, mi último adiós... aunque no sabía que lo sería.

Esa es la historia de muchos de nosotros. Pensamos que solo estaríamos fuera un año o dos, hacemos planes, soñamos con regresar.

Pero la vida —y la muerte— no siempre nos consultan.

Capítulo XIII.
El peso de las ausencias que no sanan

La contradicción interna

A lo largo de los dos capítulos anteriores hemos intentado compartir el dolor del migrante de cuando la muerte llega lejos, cuando el migrante no se puede despedir de sus seres queridos, cuando no se puede cerrar ese ciclo de duelo.

Creo que eso es precisamente lo que constituye esta parte: la ausencia que no sana.

Ese dolor que muchos migrantes llevamos como una espina constante. Una espina que a veces se transforma en coraje, en tristeza profunda, en culpabilidad… por no haber estado, por haberse quedado, por haber seguido.

Es difícil explicarlo, pero el migrante, en muchas ocasiones, no entiende del todo cómo es que sigue lejos.

Cómo, sin quererlo, por cosas de la vida, se quedó en otro país mientras su familia vivía momentos importantes: bodas, cumpleaños, graduaciones, enfermedades, nacimientos… o despedidas.

A pesar de eso, uno aprende a conformarse con fotos, con mensajes, con llamadas, con recuerdos. Pero en el fondo, sabemos que algo se nos fue para siempre, que nos perdimos momentos que no regresaran.

Esa es la ausencia que no sana: lo que no vivimos.

Lo que no pudimos compartir.
Lo que pudo haber sido.
Lo que ya no será.

Al mismo tiempo, nos ocurre una contradicción interna. Porque si regresáramos, también quedaría la duda:
¿Y si me hubiera quedado?, ¿qué habría pasado?

Esta es mi teoría: "La teoría del migrante". Vivimos divididos entre dos mundos, espacios, momentos, tiempo: el físico, donde estamos hoy, trabajando, construyendo, creando... y el emocional, donde habitan nuestros recuerdos, nuestros amores, nuestra raíces y parte de nuestra identidad.

Es una doble vida. Y aunque el tiempo ayuda —sí, ayuda— a acomodar el dolor, no siempre lo sana.

Con el tiempo olvidamos algunas promesas, algunas fechas, algunos detalles.

Pero nunca se olvida del todo lo que no se vivió.

El abrazo que no diste.
El entierro al que no fuiste.
La última conversación que no sucedió.

Para quienes han perdido a alguien —un padre, una madre, un hermano, un amigo, una pareja, un compadre— y no pudieron despedirse, saben exactamente de qué hablo.

Esa es la otra factura que pagamos como migrantes: La despedida no dada, la ausencia que se quedó como un nudo en el alma.

Mi invitación a mis hermanos y hermanas migrantes es esta:

se vale sentir, se vale llorar, se vale hablar.

Se vale vivir el duelo, trabajarlo, honrarlo.

No somos de hierro, y no tenemos que serlo.

Y para quienes leen esto desde fuera, no pedimos compasión, no se trata de que sientan lástima, se trata de que entiendan un poco más del corazón del migrante.

Ese corazón que muchas veces no habla, pero sigue latiendo con fuerza mientras trabaja en silencio, con gratitud y amor.

Porque, aunque llevemos el alma dolida, seguimos entregando lo mejor de nosotros:

Cuando cocinamos en el restaurante que trabajamos, cuando empacamos en la fábrica, cuando horneamos el pan en la madrugada, cuando cortamos el pasto bajo el sol, cuando manejamos por la ciudad haciendo Uber o entregas, cuando vendemos nuestra comida, cuando limpiamos oficinas y cuando cuidamos de los ancianos y niños que se nos confían…

Ahí también vive el migrante. Con su historia, su dolor, y su esperanza.

Capítulo XIV.
La fe y la empatía hacia los migrantes: un llamado a la conciencia

El verdadero mensaje

Es imposible hablar de migración, humanismo y empatía sin mencionar al Creador.

En el Antiguo Testamento, encontramos en Deuteronomio 10:19 un mandato claro:

"Y amaréis al extranjero, porque extranjeros fuisteis en la tierra de Egipto".

Este versículo nos recuerda que Dios escucha las súplicas de los extranjeros y no los abandona, porque Él mismo entiende lo que es ser forastero. Este es precisamente el propósito de este capítulo: que comprendamos, al igual que Dios, los retos y el caminar de los inmigrantes.

En el Nuevo Testamento, Jesús nos enseña en Mateo 25:35-40:

"Porque tuve hambre y me disteis de comer; tuve sed y me disteis de beber; fui forastero y me recogisteis... En verdad os digo que en cuanto lo hicisteis a uno de estos mis hermanos más pequeños, a mí lo hicisteis".

Estas palabras son un llamado directo a todos aquellos que se consideran cristianos y creyentes, pero que, sin embargo, ven a los migrantes con desprecio o molestia.

Es comprensible que existan desafíos en las ciudades fronterizas, especialmente en los últimos años, donde un gran número de migrantes han llegado y, en ocasiones, han tenido que hacer de las calles su hogar. Sin embargo, en momentos de frustración, es esencial recordar que hay un Ser Supremo que comprende la inmigración y el deseo de estas personas —de nosotros, los migrantes— de vivir en un lugar con paz y armonía, donde se nos permita trabajar y nuestras familias tengan las mismas oportunidades.

A menudo, en el camino, crecen la frustración, la desesperación y la ansiedad.

La incertidumbre genera miedo y, en ocasiones, desencadena reclamos y descuidos, dificultando la comprensión entre los afectados y quienes migran. En esos momentos de desesperación, invito a mis compañeros migrantes a recordar las palabras de Jesucristo y a tener presente que, según la Biblia —la palabra de Dios—, Él escucha las súplicas del extranjero.

Nueva Versión Internacional (NVI)
—Mateo 7:7-8:

"Pidan, y se les dará; busquen, y encontrarán; llamen, y se les abrirá la puerta.

Porque todo el que pide, recibe; el que busca, encuentra; y al que llama, se le abre".

Este pasaje forma parte del Sermón del Monte, donde Jesús nos enseña sobre la confianza en la oración, la perseverancia y la fe. No se cansen de suplicar, de pedir; en algún momento, se abrirá la puerta.

Una parábola que llevo en el corazón y que me ha ayudado en mi fe es Lucas 18:1-8 (NVI):

Jesús les contó a sus discípulos una parábola para mostrarles que debían orar siempre, sin desanimarse.

—En cierta ciudad había un juez que no tenía temor de Dios ni consideración de nadie —les dijo—. Había también en esa misma ciudad una viuda que insistía en pedirle: "Hágame usted justicia contra mi adversario".

Durante algún tiempo él se negó, pero por fin concluyó: "Aunque no temo a Dios ni tengo consideración de nadie, como esta viuda no deja de molestarme, voy a hacerle justicia. No sea que con sus visitas me haga la vida imposible".

El Señor añadió: —Tengan en cuenta lo que dijo el juez injusto.

¿Acaso Dios no hará justicia a sus escogidos, que claman a Él día y noche? ¿Se tardará mucho en responderles?

Les digo que sí les hará justicia, y sin demora. No obstante, cuando venga el Hijo del Hombre, ¿encontrará fe en la tierra?

Es una enseñanza profunda sobre la fe constante y la confianza en la justicia de Dios, incluso cuando parece que no llega, y aún más cuando el mundo parece injusto.

Mis hermanos y hermanas migrantes: no pierdan la fe, no dejen de creer, no pierdan la esperanza y no dejen de confiar en el poder del amor.

Por otro lado, a los prójimos, a los hermanos en la fe que encuentran migrantes en su camino, les pido paciencia y amor. Compartan el amor de Jesucristo, tal como se describe en:

1 Corintios 13:1-8a (NVI):

1. Si hablo en lenguas humanas y angelicales, pero no tengo amor, no soy más que un metal que resuena o un platillo que hace ruido.
2. Si tengo el don de profecía y entiendo todos los misterios y poseo todo conocimiento, y si tengo una fe que logra trasladar montañas, pero me falta el amor, no soy nada.
3. Si reparto entre los pobres todo lo que poseo, y si entrego mi cuerpo para que lo consuman las llamas, pero no tengo amor, nada gano con eso.
4. El amor es paciente, es bondadoso.
   El amor no es envidioso ni jactancioso
   ni orgulloso.
5. No se comporta con rudeza, no es egoísta, no se enoja fácilmente, no guarda rencor.
6. El amor no se deleita en la maldad, sino que se regocija con la verdad.
7. Todo lo disculpa, todo lo cree, todo lo espera, todo lo soporta.
8. El amor jamás se extingue.

¿Qué clase de cristianos y creyentes queremos ser? ¿Qué clase de humanos queremos ser?

Esa es la pregunta que debemos hacernos, que debemos reflexionar.

¿Qué clase de creyentes queremos ser? ¿Aquellos que asisten a misa o al servicio dos veces por semana, que crean comunidades cerradas (cultos) y se olvidan del dolor de sus hermanos migrantes? ¿Qué hacen de la religión un negocio con los más vulnerables, los más necesitados, los débiles, los pobres, los que extrañan el sentido de pertenecer a una comunidad?

Recordemos que, en algún momento, también nosotros hemos sido extranjeros.

Por ello, exhorto al verdadero pueblo cristiano, a los creyentes que conocen y siguen el verdadero mensaje de amor de Jesucristo, a orar, pedir y suplicar por los migrantes, y a compartir la compasión a la que son llamados.

Igualmente, para aquellos que se creen superiores, ya sea por estatus social, educación, dinero o color de piel, recordemos dos cosas:

Todos somos iguales por dentro y todos tenemos una fecha de expiración.

Al final, lo único que queda son las obras que hicimos por amor hacia los demás.

Todo lo material se desvanecerá. Hasta los grandes reyes y reinados han dejado de existir. Todo pasa.

Vivamos por el ejemplo, no solo por lo que predicamos, tal como nos enseña el libro de Mateo:

"Tuve hambre, tuve sed, y me ayudaste".

Reflexión final

La historia

Antes de que los Estados Unidos de América existiera como nación, este territorio, estas tierras, ya estaban habitadas. Era el hogar (y aún lo es) de los pueblos indígenas originarios, conocidos como nativos americanos, con diversas culturas, lenguas y formas de vida. Ellos eran —y son— los verdaderos dueños de estas tierras. Vivían aquí mucho antes de que llegaran los barcos desde Europa.

Eventualmente, fue a ellos a quienes, con el tiempo, se les llamó "salvajes", cuando en realidad lo salvaje fue lo que se les hizo a ellos. Pero algunos libros de historia, por muchos años, nos han contado otro relato.

A partir del siglo XVII, llegaron los ingleses, junto con otros europeos como holandeses y franceses, principalmente buscando libertad religiosa, escapando de una corona que los oprimía, buscando libertad, oportunidades económicas o huyendo de persecuciones. Fundaron colonias, como las famosas 13 colonias británicas, que eventualmente formarían el núcleo del país.

En los siglos XIX y XX, llegaron otras grandes olas migratorias: los irlandeses, especialmente durante la gran hambruna de la papa en la década de 1840, huyendo de la pobreza y empujados por el hambre.

Los alemanes y escandinavos, en busca de tierras y mejores condiciones de vida. Los chinos y otros asiáticos, principalmente durante la fiebre del oro (a partir de 1849) y para la construcción del ferrocarril transcontinental. Lamentablemente, enfrentaron leyes discriminatorias como la *Chinese Exclusion Act* de 1882.

Los italianos, buscando oportunidades. Los judíos, huyendo de la persecución. Fue entre finales del siglo XIX y principios del siglo XX que llegaron a ciudades como Nueva York buscando trabajo, refugio y una vida digna.

En el siglo XX, ya con cambios en las leyes migratorias (especialmente después de 1965), creció la migración desde Latinoamérica —especialmente México, Centroamérica y el Caribe— así como de países de Asia y África, lo que transformó a Estados Unidos en una nación verdaderamente diversa.

Todos, buscando lo mismo: un lugar para comenzar, una vida mejor, un lugar para trabajar, para soñar, para vivir en paz.

Tal vez la narrativa es diferente porque quieren olvidar, cambiar o borrar la historia de Estados Unidos. Pero la verdad es que este es un país de migrantes. Esta nación fue construida por manos migrantes, por hombres y mujeres que tal vez no hablaban inglés, pero entendían el idioma del bien común y del trabajo.

Este país fue levantado con los pies cansados de quienes cruzaron fronteras, mares y desiertos... con la ilusión de encontrar aquí un nuevo comienzo. Y eso es exactamente lo que hace a esta nación grande y poderosa.

Nosotros, los migrantes, no somos una amenaza.
No venimos a destruir, ni a robar, ni a causar caos.
Venimos a construir, a sembrar, a dar.
El mal no tiene nacionalidad, ni pasaporte.
La violencia, la crueldad, el egoísmo... son males humanos.

Y no pueden atribuírsele solo al que viene de fuera, al migrante.

Recuerdo que, en una de las crisis migratorias recientes, mientras ayudaba en un albergue en una ciudad santuario, conocí a una joven madre que acababa de dar a luz.

Ella comentó que se sentía débil, mareada, que no se sentía bien, así que decidimos llamar al 911, como era el protocolo.

El paramédico que llegó era un hombre blanco. Nunca la miró, nunca le habló, ni la tocó. Solo dijo con frialdad y enfado: "Sígueme".

Mientras observaba aquella escena —la frialdad con la que un paramédico trató a una joven migrante que acababa de dar a luz y se sentía mal— comprendí aún más por qué era necesario escribir este libro.

No desde un punto de vista técnico o legal. No con cifras o estadísticas. Sino desde adentro del corazón hacia afuera.

Porque a veces los ojos son rápidos para juzgar lo que ven, pero el corazón no siempre entiende lo que no se ha vivido.

Este libro nace del amor, del dolor, de la esperanza. Pero también nace como un puente.

Un puente entre quienes hemos migrado y quienes no comprenden del todo lo que significa dejar tu país, tu idioma, tu familia, tus raíces... por necesidad.

Un puente para explicar que ser migrante no es un acto de rebeldía, sino muchas veces un acto de supervivencia. Que nadie deja todo lo que ama por gusto, sino por amor. Por amor a sus hijos, a sus padres, a la vida misma.

Quiero agradecer también a todos esos compañeros, amigos, personas de otras culturas y nacionalidades —especialmente estadounidenses— que nos han extendido la mano, que han mostrado comprensión, empatía y respeto. Su bondad alimenta nuestra fe y nos recuerda que el amor y la humanidad no tienen frontera

A veces me preguntan por qué los migrantes no llegan de manera "legal". Por qué no hacen fila. Por qué no esperan "su turno".

La respuesta es:

Porque no siempre hay fila.

Porque la puerta legal muchas veces está cerrada.

Porque los tratados migratorios cambian con los años y dejan fuera a millones.

Porque si tu hijo tuviera hambre hoy, no esperarías una cita para dentro de cinco años.

Al escribir este libro no busco que sientas lástima. Solo que comprendas. Solo que escuches nuestras voces, muchas veces ignoradas o tergiversadas por discursos

políticos, por noticias incompletas o por estigmas here-
dados.

Si algo deseo que recuerdes de este libro es esto:
Cuando llegues a tu casa y vayas a bañarte en tu lindo
y limpio baño, con privacidad y sin prisas, cuando
tengas una cena caliente, cuando abraces a tus hijos y te
recuestes en tu cama suave a descansar, con una almohada blanca y cómoda...

En ese instante, recuerda que ellos, los migrantes,
también sueñan con lo mismo.

Con eso. Solo con eso.

Con un lugar seguro para ellos y sus hijos, con una
cama limpia, con una almohada donde puedan descansar,
con una oportunidad de ser tratados como seres humanos.

Epílogo

El amor por México (o tu país de origen) desde la distancia es algo que se vive constantemente entre quienes estamos en el exterior.

Lo veo cada vez que publico un video del querido pueblo de mi padre, ese al que él soñaba con regresar para descansar, pero él es uno de muchos hermanos y hermanas migrantes que se quedaron dormidos lejos de su México.

Lo veo en mí misma y en tantos migrantes, cada vez que viajamos a nuestro país buscando cómo ayudar, qué llevar, o cómo abogar por un cambio, muchas veces con nuestros propios recursos.

Así mismo al regresar nos invade **una cruda emocional:** esa mezcla de alegría por volver y dolor por no poder quedarse y hacer más.

He llevado a México en el corazón todos estos años. Nosotros, los migrantes, lo llevamos siempre, aunque a veces no se nos entienda o no se nos reciba con el mismo amor.

A veces parece que nuestros propios paisanos creen que, porque vivimos en el norte, manejamos camionetas grandes y mandamos dólares, estamos bien. Pero no siempre es así.

En 2024 participé en algunas asambleas binacionales con el objetivo de crear conciencia sobre lo que realmente es la vida del mexicano en el exterior.

En una de esas asambleas, en Hidalgo, una señora tomó el micrófono después de haber escuchado, sobre la realidad de la vida del migrante y compartió lo siguiente:

"Probablemente la escuela a la que van mis hijos, los libros con los que estudian existen gracias a ustedes, hermanos migrantes".

Ese ha sido uno de los comentarios más conmovedores y tal vez verdaderos que he escuchado.

Recordemos que las remesas en 2024 superaron incluso a la industria automotriz y al turismo.

Ese dinero no solo son cifras: son sacrificios, son ausencias y amor por una tierra que nunca olvidamos.

Desde aquí hago un llamado al gobierno mexicano —y también a los gobiernos de nuestros países hermanos: Colombia, Venezuela, Nicaragua, El Salvador, Honduras, Guatemala, Argentina, entre otros— que no solo se nos llame "Héroes" en discursos bonitos y en días especiales.

Por lo contrario, que nos den oportunidades reales de trabajo, de crecimiento y oportunidades para tener una vivienda digna.

Que nos faciliten los trámites al llegar a nuestro país en retorno. Que reconozcan que muchos de nosotros llevamos 30 o 40 años trabajando sin documentos o beneficios, que, en nuestra vejez, no se nos dé la espalda.

En 1986, bajo la administración de Ronald Reagan, fue la última gran amnistía migratoria en EE.UU. han pasado **casi cuatro décadas.**

Hay una generación entera de migrantes que hoy tiene más de 60 o 70 años y no puede dejar de trabajar, porque no existen en el sistema, no son: **Ni de aquí, ni de allá.**

Recuerdo cómo, a fines del 2024, surgió una pequeña esperanza de que México, posiblemente otorgaría la pensión alimenticia a los migrantes mexicanos, que calificaban por la edad, a sus héroes.

Pero la respuesta fue la de siempre: "No hay dinero". "No es posible". Acompañado después de un gran silencio.

Esto no es un reclamo, es solo un llamado a la empatía y a la solidaridad al migrante.

Carta abierta a México

Querido México:
Desde la distancia, te seguimos amando. Lo hacemos en silencio, con nostalgia, con orgullo. Te amamos incluso cuando parece que te has olvidado de nosotros.

A veces me pregunto: ¿Cómo se puede amar tanto a un país del que se vive lejos?

La respuesta está en las raíces. En tu cultura viva, en tus colores, tus sabores, tus olores. En la nobleza de tu gente. En los recuerdos que no se olvidan.

Porque tú, México, eres la tierra que me vio nacer. Eres mis padres, mis abuelos, mis tíos, mis hermanos.

Por eso, hoy te pedimos algo sencillo pero profundo: cuando un migrante regrese, recíbelo con cariño.

No lo juzgues por cómo se viste, por el regalo que lleva, por si habla distinto.

Recíbelo como lo que es: tu hijo que vuelve a casa.

Las remesas puede que hablen por nosotros, pero no platican todo. No hablan del silencio, del duelo, de la ausencia, de los sacrificios.

Aun así, cuando vemos la bandera, escuchamos tu música, cuando recordamos el azul de tu cielo, el olor de tu tierra, el sabor de tu fruta y antojamos una tortilla el corazón se nos aprieta.

Porque, México, aún somos tuyos.

Y aunque a veces parezca que nos olvidaste, aquí seguimos: construyendo, sembrando, soñando... con volver a ti.

Ese es el calibre del amor que te tenemos México. Porque, aunque nos fuimos, nunca nos fuimos del todo.

Y solo esperamos que, algún día, tú también regreses a nosotros.

Con cariño. Con justicia. Con dignidad.
Nosotros los migrantes.

Glosario migrante

Acta de nacimiento (México)
Documento oficial que registra el nacimiento de una persona en México. Para los migrantes en retorno, a veces es el primer paso para reconstruir su identidad legal.

Amnistía migratoria
Medida legal que permite a personas indocumentadas regularizar su estatus migratorio sin ser penalizadas por su entrada o permanencia sin papeles. En EE.UU., la última gran amnistía fue en 1986.

Coyote / Pollero
Persona que, a cambio de dinero, ayuda a migrantes a cruzar la frontera de manera no autorizada. Aunque algunos lo hacen por necesidad, muchos operan en redes de tráfico humano.

Detención migratoria
Arresto y encierro de personas por no tener documentos migratorios válidos. Puede durar desde horas hasta años. Las condiciones de detención son, muchas veces, inhumanas.

Documentos / Papeles

Términos usados coloquialmente para referirse a la residencia legal, visa o ciudadanía en Estados Unidos. Tener "papeles" significa tener un estatus migratorio regular.

Esclavitud moderna

Condiciones laborales extremas donde el trabajador es explotado, mal pagado y no tiene derechos, muchas veces bajo amenaza de deportación. Afecta especialmente a trabajadores migrantes indocumentados.

Green Card

Nombre coloquial de la tarjeta de residencia permanente en Estados Unidos. No da ciudadanía, pero permite vivir y trabajar legalmente.

Hijos ciudadanos

Hijos nacidos en EE.UU., con ciudadanía automática por nacimiento, aunque sus padres sean indocumentados.

INE (México)

Identificación oficial mexicana (antes IFE). Es fundamental para votar y realizar trámites en México. Para migrantes en retorno, suele ser difícil de recuperar tras muchos años fuera del país.

Indocumentado/a

Persona que vive en un país sin autorización legal. Aunque se usa frecuentemente, es un término impreciso y muchas veces estigmatizante.

Limbo migratorio

Estado de incertidumbre permanente en el que viven muchas personas migrantes: ni pueden regularizar su situación ni pueden regresar sin perderlo todo.

Mica

Término coloquial para referirse a la tarjeta de residencia (*Green Card*) o cualquier documento de identificación. También se usa para hablar de documentos falsos comprados por necesidad.

Número de Seguro Social

Número necesario para trabajar legalmente en EE.UU. Sin él, es casi imposible acceder a empleos formales, educación o créditos.

Migración de retorno

Regreso de personas migrantes a su país de origen, ya sea por decisión propia, deportación, vejez o falta de oportunidades en el país receptor.

Remesas

Dinero que las personas migrantes envían a sus familias en sus países de origen. Son una fuente clave de ingresos para millones de hogares.

Sin papeles

Expresión común entre migrantes para describir la falta de estatus migratorio legal.

Visa

Documento que permite la entrada temporal a un país.
Obtener una visa de trabajo, estudio o turismo es muy
difícil para muchas personas en América Latina.

Puertas de papel. Una mirada humanitaria sobre la migración

Se terminó de imprimir en agosto de 2025
con un tiraje de 300 ejemplares
en los talleres gráficos de Trauco Editorial
Prolongación Colón 155. Int. 115
Teléfono: (33) 32.71.33.33
Tlaquepaque, Jalisco

TRAUCO
Editorial

www.ingramcontent.com/pod-product-compliance
Lightning Source LLC
Chambersburg PA
CBHW060503280326
41933CB00014B/2845